APRENDA A RIR DE SI MESMO

(É O QUE OS OUTROS JÁ ESTÃO FAZENDO)

BRUNO MOTTA

Aprenda a rir de si mesmo (é o que os outros já estão fazendo) é um livro de humor, ironia e sarcasmo, indicado para o otimismo excessivo, no controle de expectativas irrealistas c na prevenção de frustrações desnecessárias. Se você acha que pode estar passando por um quadro depressivo no momento, recomendamos que procure ajuda especializada, seja de um psiquiatra, um psicólogo ou um psicanalista.

O Centro de Valorização da Vida (CVV) também oferece apoio emocional – ao vivo, por telefone (188) ou pela internet (cvv.org.br), 24 horas por dia. Todas as formas de atendimento do CVV são sigilosas e gratuitas.

Copyright © Bruno Motta, 2020
Copyright © Editora Planeta do Brasil, 2020
Todos os direitos reservados.

Pesquisa e Colaboração: Daniel Alves
Preparação: Vanessa Almeida
Revisão: Fernanda França
Diagramação: Felipe Romão
Capa: Helena Hanneman / Foresti Design

Dados Internacionais de Catalogação na Publicação (CIP)
Angélica Ilacqua CRB-8/7057

Motta, Bruno
  Aprenda a rir de si mesmo (é o que os outros já estão fazendo) / Bruno Motta. -- São Paulo: Planeta do Brasil, 2020.
  192 p.

ISBN: 978-85-422-1867-1

1. Citações e máximas - Humor, sátira, etc. I. Título

20-1116	CDD B869.7

2020
Todos os direitos desta edição reservados à
EDITORA PLANETA DO BRASIL LTDA.
Rua Bela Cintra, 986 – 4º andar
01415-002 – Consolação
São Paulo-SP
www.planetadelivros.com.br
faleconosco@editoraplaneta.com.br

**Conselho, se fosse bom, se vendia.
Como este livro.**

PREFÁCIO

A verdade é que nesse momento tem alguém rindo de você. Não é com você, não é porque você fez alguma coisa engraçada (voluntariamente) ou porque você é uma pessoa fofa. É porque todos nós somos risíveis. Somos ridículos do nosso próprio jeito. Somos pessoas e pessoas são estranhas. Talvez você seja um pouco mais? Talvez. Talvez você se destaque nesse mundo de pessoas "curiosas", digamos assim? Talvez. Por isso só há um jeito para vencê-los: se adiantando a eles. Rir de si mesmo é ter a ideia primeiro. E quem tem a ideia primeiro é quem dita as regras. Dite você as regras da sua esquisitice. Veja o Bruno Motta, por exemplo, eu poderia chamá-lo de tantas coisas para humilhá-lo, para destruir a sua vida, para mostrar o quanto ele é insignificante, o quanto ele é irritante, o quanto ele é malvisto pelos seus, quão triste é a sua figura, quão ruim é este livro, mas ele, esperto como um gafanhoto, já se adiantou e disse tudo isso de si mesmo. O que me resta? Dizer que ele é ótimo, porque tudo de ruim sobre ele, ele mesmo disse de si.

Bruno, você é hilário. (Como é difícil ser irônico por escrito).

Fabio Porchat

INTRODUÇÃO

Eu nasci sem saber fazer basicamente nada, fora chorar e respirar (que, de certa forma, faz parte do choro. Experimente chorar sem respirar), e sempre imaginei que um pequeno manual de instruções para a vida ajudaria muito. Talvez ele começasse assim:

Parabéns e bem-vindo à sua vida! Acreditamos que você esteja satisfeito com o seu corpo humano, um modelo avançado que veio para corrigir os problemas encontrados em edições anteriores, como no macaco, no peixe e no vírus[1]. Como é um item de fácil utilização, neste momento você já deve ter experimentando algumas das funções disponíveis, mas aqui está o que se pode fazer naqueles momentos em que nada mais resolve.

Atenção: Depois de alguns anos de uso, pode ser que ao aprender uma coisa nova você esqueça uma coisa anterior. Nós avisamos, embora você provavelmente vá se esquecer de ter lido este parágrafo. Divirta-se!

---

[1] Atenção, Vírus: como o modelo foi retirado de linha, busque usar peças de modelos atuais. Atenção, Modelos Atuais: cuidado com esses malditos vírus.

A vida se divide em pagar boletos e pagar micos.

Não sabendo que era impossível,
foi lá e ganhou uma hérnia de disco.

Se você acha que pode, você está certo.
Se você acha que não pode, você está certo.
Se você não acha nada, você é um gênio.

Não siga a luz no fim do túnel,
tá tão fresquinho aqui...

O tempo cura tudo.
Principalmente a juventude.

Dinheiro não traz felicidade,
mas paga o *delivery*.

Enquanto isso, na residência oficial do presidente de um país qualquer:

– Senhor presidente, chegou um convite para o senhor comparecer à Marcha Com Jesus.

– Marcha? É um desfile militar?

– É um evento cristão, senhor.

– Ah, claro, claro. Jesus Cristo! Grande sujeito. Pode confirmar aí, eu vou.

– Ok. Também chegou um convite para a Parada de Iemanjá. As religiões de matrizes africanas também precisam de atenção.

– Ih, mas ir pra África dá muito trabalho, inventa uma desculpa aí.

– A religião é afro, mas a festa é aqui no país, senhor.

– Aí sim, adoro esse país! Até governo ele às vezes. Fala pra Iemanjá que eu tô confirmado!

– Tem um outro convite dos budistas que...

– Mas todo mundo resolveu fazer festa religiosa neste mês? Deus me livre!

– O senhor quer cancelar algum?

– Não, pode confirmar tudo. Fazer o quê?

– O senhor poderia faltar. Afinal, o Estado é laico.

– Não, meu filho. Tem que agradar todo mundo. O Estado ERA laico, mas hoje o Estado é like!

**Antigamente, o Estado era laico.
Hoje, o Estado é *like*.**

Tu te tornas eternamente responsável por aquilo que parcelas.

A vida é muito curta pra dar três voltas na chave.

**Seja a lambança
que você quer ver no mundo.**

Não sabendo que era impossível, fez e ninguém acreditou.

O amor nunca morre,
só muda de endereço com frequência.

Loucura é fazer a mesma coisa e esperar
resultados diferentes.
Faça coisas diferentes, assim, varie suas decepções.

Vingança é um prato
que se arremessa na parede.

A melhor hora para investir na bolsa de valores
é ontem.

Toda arte deve ser interpretada como você quiser
– menos o preço.

Boletos são os inimigos
que você não quer ver vencidos.

Menos calmantes, mais plástico bolha.

NAMORO:

– Desliga você, gatinho...

– Não, desliga você, gatinha!

NOIVADO:

– Como foi seu dia, gostosilda?

– Tomei uma bronca do chefe, gostosildo...

BODAS DE PRATA:

– Desculpa, birolinda, amassei o seu carro!

– O que importa é que o meu birolindo está bem!

BODAS DE OURO:

– Fofolesco, nosso filho foi demitido de novo, acredita?

– Nosso fofolesquinho não toma jeito, fofolesca...

BODAS DE DIAMANTE:

– Você esqueceu a dentadura, xaperisquete!

– Ofifafo, fafefifefe!

...E o amor é duro quando é eterno!

O amor
é eterno
enquanto
dura.
E duro
quando
é eterno.

**Ame a si mesmo.
Mas tranque a porta.**

O maior problema de não fazer nada é não saber quando acabou.

A ocasião
faz o patrão.

Fama é ser reconhecido pelas pessoas na rua.
Sucesso é conseguir fugir delas.

Não tenha medo de seguir o horóscopo.
Quem não segue também faz tudo errado.

Reduza,
recicle,
requebre.

O seguro morreu
de sinistro.

**Peno,
logo existo.**

Aprenda a rir de si mesmo.
É o que os outros já estão fazendo.

O segredo da saúde é dormir oito horas por dia e descansar dezesseis.

O relógio diz todas as horas, menos a hora de parar.

Censura é uma
mer[CENSURADO].

Mande nudes apenas para pessoas da mais estrita
confiança.
Como seus parentes.

Pimenta nos olhos dos outros
é repressão policial.

O livro só é de autoajuda
se foi você mesmo quem escreveu.

Biscoito ou bolacha? Dieta.

O melhor jeito de espalhar uma fofoca é pedir segredo.

Década de 2010

O Brasil vive um clima de polarização crescente:
É BISCOITO OU BOLACHA?

Discussões acaloradas tomam conta da internet
e protestos começam a eclodir nas ruas.

22/03/2021

A Guerra Civil começa oficialmente com o grave ataque ao presidente de honra da Sociedade Bolacheira Nacional (SBN), confrontado por um membro da União Biscoitista do Brasil (UBB) numa fila de padaria. Ele pediu bolacha, mas levou socos.

19/07/2021

Ataques coordenados ocorrem em todo o país contra fábricas do ramo alimentício que usam a denominação "bolacha". Ataques contra empresas "biscoito" surgem em resposta no mesmo mês. A Guerra entra no seu auge.

18/02/2022

Perdas pesadas são contabilizadas pelos dois lados.
As ruas manchadas de vermelho: recheio é derramado. Os
estoques do país são reduzidos a poucas unidades
de biscoitos/bolachas de água e sal, forçando uma
trégua temporária.

29/09/2022

Durante as negociações de paz, mediadores da ONU sugerem
os nomes alternativos Bislacha e Boloito.
Eles são linchados por representantes da SBN e
da UBB, num raro momento de alinhamento.

22/10/2023

O Congresso Nacional aprova a proibição da fabricação,
porte e consumo de petiscos em território brasileiro. O conflito
finalmente chega ao fim. Entre bolachas
e biscoitos, a solução se dá pela dieta.

**Não faça o impossível,
ou vão esperar que você
faça isso todo dia.**

**Muitas vezes quando você pensa
que "agora vai" até volta um pouco.**

**Diga-me quem tu *follow*
e eu te direi quem és.**

Felicidade é um código de barras legível.

Não precisa ser gentil,
mas precisa ser gente.

Errar é humano,
mas humanizar não é errado.

Tem gente que tem cara
de quem anota o protocolo.

O problema de pedir demissão
é que muitas vezes dão.

Jovem gosta de sexo.
Adulto gosta de panela nova.

<u>Hoje em dia se cria de tudo.
Até expectativas.</u>

O romance de um casal de economistas
é cheio de juros de amor.

– Que bicho é esse, Roberto?

– Não sei. Me seguiu até em casa. Olha a carinha. É grande pra um cachorro, né?

– É meio azul também. Mas não tem tromba pra ser elefante.

– Deve ser algum tipo em extinção.

– Olha isso! Sentado, parece que tá sorrindo.

– Eu acho que isso não é a cara não, querida.

– É ele ou ela?

– Um pouco peludo pra eu entender. É como se uma almofada tivesse cruzado com um Boeing.

– Você que trouxe, eu não vou limpar isso não.

– Neide, seu pai não criava expectativa? Não era meio assim?

– Parecido... Ele esperava que a gente casasse.

– Essa! Era grande, mas não andava. E a de que seu irmão terminasse a faculdade?

– Ih, era magra... mas estava sempre lá. Tinha a que mamãe voltasse.

– Essa eu não lembro.

– Não ficava lá em casa, ficava no tio Ricardo. Ele que dava comida.

E assim tiveram seu bicho de estimação. E Roberto morreu, e Neide morreu. Só sobrou o bicho – que afinal, não era expectativa, que morre rápido. Era Esperança.

**Até pra largar tudo
tem que ter alguma coisa.**

**Não deixe para amanhã
o que você pode fazer mês que vem.**

O "não" todo mundo já tem.
Tente não merecer um "nunca".

Todo fracasso é uma chance de aprendizado. No mínimo você aprende a desistir.

A diferença entre bem cotado e bem coitado
é apenas uma letra.

Chegar cedo é quase tão ruim
quanto chegar atrasado.

Perguntar não ofende.
O ideal é xingar afirmando.

Você passa metade da sua vida on-line errando senhas.
A outra metade você passa atualizando o computador.

Um elefante incomoda muita gente, mas nunca vai te
convidar pra um esquema de pirâmide.

Às vezes o segredo da beleza é andar com gente menos
bonita que você.
Veja se seus amigos já não estão usando esse truque.

Levanta a cabeça, coroa,
senão a princesa cai.

**Abra o sorriso,
mas feche a carteira.**

A sua paciência já acabou e a expectativa de vida só aumenta.

Sorria agora, afinal, um dia você vai olhar pra trás e rir de tudo – nem que seja de nervoso.

Se houver algum risco de dar errado, vai dar errado. Se não houver nenhum risco, vai ser uma catástrofe.

Antes de brigar, respire profundamente
– você não pode bater se estiver sem ar.

Não desista:
cão que larga não morde.

Hábitos antigos não abrem novas portas.
A não ser que você tenha o hábito de arrombar portas.

Não chore sobre o leite derramado:
ele talha.

De médico e de louco
todo o Google tem um pouco.

O seguro morreu de tédio.

**Lute pelos seus sonhos:
durma mais.**

Nunca desista, a não ser que você queira desistir, aí desista disso.

**Há males que vêm para bem.
E há males que vêm
para "bem feito!".**

A vida é feita de escolhas – o problema é saber QUEM DIABOS está escolhendo pra você.

Quem espera
sempre descansa.

Ande com cuidado. Como a Terra é redonda, quase tudo é ladeira.

Viver é melhor que sonhar.
Pelo menos até você acordar.

Chá de revelação pra valer é
santo-daime.

Tudo tem seu preço.
Nada tem etiqueta.

Onde você estava com a cabeça
quando comprou esse chapéu?

Faça o que eu digo: não faça o que eu falo.

**Quem ama o feio,
rico nos parece.**

Algumas ideias precisam ser tiradas da gaveta. Afinal, é o único jeito de jogar fora.

Nos menores frascos é onde tem menos perfume.

Planos e metas são decepções de longo prazo.

Às vezes não é um insulto,
só uma descrição bastante acurada.

Reconhecer seus erros é importante para saber o que você vai fingir que não viu.

Não é uma janela,
é uma TV orgânica.

Saia da zona de conforto,
nem que seja para pegar um chocolate.

Não deixe que digam o que você não pode fazer:
desista antes.

O relógio diz todas as horas,
menos a hora de parar.

Aprenda a não ligar.
Mandar uma mensagem é grátis e mais rápido.

Algumas coisas não têm preço.
As outras são caríssimas.

**Todas as pessoas
são únicas.**

Saber lidar com frustrações te torna um fracassado feliz.

Se tudo der errado, não faça mais nada. Vai acabar dando errado também.

A vida é muito curta pra você se preocupar em
remover o pen drive com segurança.

Quando se achar burro,
pense que um dia alguém inspirou o fabricante a pôr
instruções no xampu.

Não seja tímido para telefonar para as pessoas.
Hoje em dia ninguém atende mesmo.

Onde há fumaça,
há tosse.

O problema não é o fundo do poço ter um porão.
É que não tem sinal de Wi-Fi.

Agradeça a todas as pessoas que te apressaram.
Foram elas que te deram essa crise de ansiedade.

Aquele sapo que você engoliu
ainda pode virar um príncipe.

Vim.
Vi.
E saí no meio antes que alguém percebesse.

O único esquema de pirâmide que funcionou de verdade foi o dos faraós.

A vida é muito curta para ler os termos e condições de uso.

Quem come e guarda
tem comida embolorada.

A vida é muito curta para
passar o cadarço por todos os buracos.

Democracia quer dizer
que é o demo no comando.

Tudo bem levar o sachê de açúcar para casa.
O problema é quando você nem toma café no lugar.

Hoje em dia os humilhados
também serão assaltados.

Depois da tempestade
é que vem a ambulância.

Quem com ferro fere
é uma passadeira psicopata.

**Gentileza gera
gente lesa.**

Inspire. Expire. Espirre.

**Desista
de desistir.
Comece
a enrolar.**

Você pode fazer omelete sem quebrar ovos,
e se chamar de cozinha moderna ainda pode
cobrar o dobro.

Se o problema tem solução, não se preocupe.
Se o seu problema NÃO tem solução,
O QUE VOCÊ TÁ FAZENDO LENDO ESTE LIVRO?

Nunca diga "no meu tempo". Seu tempo é sempre agora.
Prefira "quando eu não era um velho..."

Quem vê cara,
não vê coroa.

Quem acreditou em Papai Noel por dez anos
pode acreditar em si mesmo por algum tempo.

A humanidade começou a andar para trás
quando paramos de rebobinar as fitas.

Não tenho ideia de como a geração que nasce atualmente vai lidar com a frustração no futuro. Nossa geração ainda foi razoavelmente treinada: no meu tempo (aliás, QUANDO EU NÃO ERA UM VELHO), não tinha nada melhor do que passar o finalzinho da sexta-feira na locadora escolhendo os filmes do final de semana. Ah, sim: "locadora" era um serviço comercial ancestral que os antigos usavam quando queriam assistir às suas fitas de vídeo. Ah, sim, "fita de vídeo" era uma espécie de hieróglifo em movimento, uma caixinha de plástico mágica com uma fita enrolada que, de algum jeito, enfiada num videocassete, transmitia os filmes na sua TV. Não vou explicar "videocassete" nem "TV" para os jovens – afinal, você é jovem, use o Google.

O final de sexta na locadora só não era tão bom quanto a manhã de sexta na locadora. Chegar depois da aula era querer pegar "Debi & Loide", com o Jim Carrey, mas levar "Os irmãos Id e Ota" com sabe-se Deus quem. Nada me tirava da cabeça que os filmes do Allan Quatermain eram feitos com os roteiros recusados do Indiana Jones, e nem adianta querer me explicar que ele foi criado antes, em 1885. Mesmo assim, era uma aula para aprender a lidar com a frustração. O que será da geração de hoje, que sempre encontra o que quer ver na Netflix? Nenhuma criança teve que se deparar com prateleiras virtuais vazias de filme, sobrando apenas a placa que avisa da promoção "Alugue 5, pague 4". É isso: acho que a humanidade começou a andar pra trás quando paramos de rebobinar as fitas.

**A mão que curte
é a mesma que dá *block*.**

**Você quer se controlar mais,
mas não controla nem a quantidade
de açúcar que coloca no café.**

Correr riscos é arriscado demais. Ande riscos.

Uma cebola cortada tira o cheiro de tinta recém-pintada.
Agora se vire com o cheiro de cebola.

Você vai adorar quando seu filho aprender a falar.
Mas vai adorar mais ainda quando ele aprender
a falar baixo.

Desconfie de quem leva política na brincadeira
e piadas a sério.
É para ser o contrário.

Supere seus desafios com garra
– só tente não enfiá-la no olho do coleguinha.

Para esconder sua idade,
ou tenha plástica na cara ou tenha uma cara de pau.

A palavra "procrastinar" vem de uma expressão em latim
cujo significado vamos explicar mais tarde.

**A propaganda
tem pernas curtas.**

**Carboidrate-se
neste verão.**

Preguiça é a esperança de que o mundo consiga se virar sozinho.

Só leia a bula do remédio depois de terminar o tratamento.
Então comemore cada efeito colateral que você não teve.

Felicidade é descobrir
que não vai precisar fazer baliza.

Se seus planos caírem por terra,
vá de 4X4.

Com todas as canetas que você já perdeu na vida,
você poderia comprar um carro.

Felicidade é descobrir que o inseto na salada
é na verdade bacon.

Não grite.
Respire fundo e pense no que vai dizer.
Agora sim, o grito vai sair muito melhor.

**Cada queda é um aprendizado...
sobre a importância do capacete.**

Seja sempre você mesmo. A pena pelo crime de falsidade ideológica é de um a cinco anos de reclusão.

Coragem é o medo de mostrar que está com medo.

O vendedor vende.
O ator atua.
O coach coaxa.

A vida pirateia a arte.

Tá nervoso?
Vá pecar.

Chocolate não engorda.
Chocolate TE engorda.

O brasileiro está usando o celular cinco horas
por dia, em média.
Você vai se contentar em ficar só na média?

Faça cada vez mais promessas de ano-novo. Estatisticamente, suas chances de cumprir uma serão maiores.

**O corpo humano é 70% água
e 30% desculpas.**

Se queres as pás, prepara-te para a terra.

Plante uma árvore.
Escreva um livro.
Derrube a árvore para publicar o livro.

1% de inspiração e 99% de transpiração
também significa hipersudorese.

Seja mais que ética.
Seja frenética.

A melhor despesa
é o ataque.

Nunca perca o contato com a natureza.
Adicione ela no WhatsApp.

Se a vida te joga limões,
sua apresentação deve ter sido péssima.

Se a sua mente está tranquila, você provavelmente se esqueceu de alguma coisa importante.

O talentoso é um incompetente que ainda tem utilidade.

Ser o primeiro a desistir também é demonstração de iniciativa.

Melhor do que reinar no inferno
e servir no céu é não morrer.

O inferno são os outros.
Vista-se como o diabo gosta.

Cuidado:
"Delegar tarefas" não significa dar trabalho ao delegado.

Nem todo herói usa capa.
Alguns usam armaduras também.

Quem chega primeiro
bebe cerveja quente.

Seja sempre você mesmo.
Ou não seja.
Eis a questão.

**Às vezes a bebida entra
e a vaidade sai.**

Não é paranoia se eles realmente estão te receitando remédios.

Adoraria, mas não posso = queria, mas não quero.

Para que os maus triunfem,
basta que os bons votem em branco.

Quando Deus fecha uma porta,
o diabo tranca a chave dentro.

O mundo precisa se preparar
para quando o sertanejo universitário resolver
fazer mestrado.

Tarde da noite
todos os gatos são pagos.

Um importantíssimo ditado chinês
diz um negócio que eu não
tenho ideia do que seja.

**É errando que se aprende
a errar mais errado.**

A diferença entre o louco e o gênio é o marketing.

– Querido, tenho que levar a mamãe, não esquece de ajudar a Flavinha a plantar o feijãozinho no algodão!

– Que feijão?

– Trabalho de escola. Mas ajuda, senão ela vai fazer aquela zona. Corta pra ela o copinho, molha o algodão, põe o feijão e explica... a coisa do crescimento, né? Pra ela aprender. Beijo, até de noite!

– FLAVINHA! Vem fazer o projeto do feijãozinho com o papai! Pega o algodão!

"Se bem que eu poderia fazer melhor, né? Minha filha vai chegar com um feijãozinho na sala, igual todo mundo? Podia ser uma... mudinha de camomila. Camomila, pelo menos, as pessoas usam pra alguma coisa. Fazem chá, fazem xampu..."

– FLAVINHA! Pega também um vidrinho de xampu para o papai te ajudar!

"Se bem que... xampu de camomila nem vende mais tanto igual antigamente. Jaborandi já é bom. Além de fazer uma vista, né? Chega com um toco de um jaborandi na sala, em vez de tirar nota 10 ela vai tirar 100. Passa de ano de primeira. De anos! Em que série ela tá, primeira? Já vai pra faculdade. Muito bem, Jaborandi. Além de ser uma planta da moda. Muito fácil. Jardim aqui em casa já daria fabriquinha de xampu, mas se a gente se mudar pra um lugar maior, além de diversificar, podemos ter todas essas plantas que a minha mulher usa, jaborandi, aloe vera, babosa... Uma linha completa já.
O pessoal fala 'ai, que Nordeste tem seca e pobreza'. É isso!
A saída: Cosméticos do Nordeste! NORDÉTICOS! 'NORDET'! Que vai ser a placa do escritório em Nova York..."

– FLAVINHA! Pega a canetinha pra fazer também o projeto da logomarca da multinacional do papai!

– Cadê o telefone do Carlos? Atende, Carlos! Alô? Sabe aquele escritório que a gente viu no jornal que a Madonna tá alugando? Consegue o contato pra mim. Vou alugar pra NORDET. É uma empresa nova. Uma multinacional ecologicamente autossustentável e colaborativa. Sou eu e minha filha. Ela tem oito anos, mas já vai começar o mestrado. Aluga essa sala da Madonna e outra na China também, que é o novo mercado! OS CHINESES ADORAM XAMPU! A gente vai vender MILHÕÕÕÕES!

– Querido, cheguei. Você fez o projeto da Flav... Ué, o que seu passaporte tá fazendo na mesa aqui com o nosso cartão de crédito?

– Eu comprei uma passagem pra NOVA YORK!

– E por que você imprimiu um dicionário chinês-inglês?

– Pra aprender, ué! Mas é fácil.

– Você nem sabe inglês!

– Já aprendo as duas!

– Amor, acho melhor eu ligar pro Doutor Carlos e avisar que você piorou.

– EU JÁ LIGUEI PRA ELE!

– Você já ligou pro doutor?

– Claro! Eu não falo chinês!

– Amor, acho que a gente vai ter que te levar no médico.

– Tudo bem. MAS PODE SER EM NOVA YORK?

Amar o próximo seria fácil, o problema é o próximo.

A motivação é uma porta que só se abre pelo
lado de dentro.
O aumento de salário é um pé de cabra.

O diabo está nos detalhes...
Então, pelo amor de Deus, para de ser tão detalhista.

Uma jornada de mil milhas começa com um
MINHA NOSSA, QUE LONGE ESSA CARAMBA.

Para que os maus triunfem,
basta que os bons fiquem presos no trânsito.

Pense fora da caixa.
Mais importante, pense fora do caixão.

O tempo cura tudo.
Tempo é dinheiro.
Logo, o dinheiro cura tudo.

**Escolha um trabalho que ame
e nunca vai precisar namorar.**

**Escolha um trabalho que ame,
mas prepare-se para o divórcio.**

**O copo está meio cheio ou meio vazio?
Beba direto da garrafa.**

Pense na sua vida hoje. Talvez a culpa seja daquela corrente que você não repassou.

Vá à praia sem vergonha
dos seus anticorpos.

Se a TV era a máquina de fazer doido,
a internet é a máquina de fazer doido parecer normal.

Ética não se estica.

Duvidar de horóscopo é tão touro.
Acreditar em horóscopo é tão câncer.
Trabalhar com horóscopo é tão peixes.

Jogue na loteria.
Você só tem uma chance em 50 milhões de ganhar
– ainda assim é mais provável do que ficar milionário
com o seu emprego atual.

A vida adulta tem um pouco de se perder da mãe no supermercado.

A primeira impressão é a que borra.
A primeira depressão é a "que zica".

Seja inovador. Esteja sempre desistindo de novos projetos.

A diferença entre o remédio e o veneno
está no rótulo.

Melhor pecar pela ação
do que pela comissão.

Violência gera violência.
Samba Gerasamba.

É o olho da dona que
engorda o boy.

Para franzir a testa, usamos 32 músculos.
Para sorrir, 28.
Para a cara de paisagem, zero.

A sua vida ser uma piada não faz de você um humorista.

Imagine que boletos são a pobreza te enviando cartas de amor.

**O melhor proativo
é aquele que se demite
antes de fazer alguma bobagem.**

Todas as pessoas de sucesso têm uma coisa em comum: o sucesso.

Quem está dando 110% de dedicação
provavelmente está roubando de alguém.

O videogame prepara as crianças
para as fases difíceis da vida.

Saia dessa zona de conforto.
Vá para a organização de conforto.

A família é a parte mais importante da sua vida.
Dê a eles o endereço da sua empresa para
poderem te visitar.

Você vai se acostumar a levantar cedo sem despertador.
Só não te falaram que você já vai ter 60 anos.

Quem espera, sempre desespera.

Recuse-se a ser corrompido (pelo menos por este valor que estão te oferecendo).

**Investimento é
um desperdício otimista.**

Cansado de tentar? Fracasse logo de uma vez.

Não precisa duvidar da existência de vida inteligente fora da Terra, duvide por aqui mesmo.

Não se deve mais fazer testes em animais.
Agora as cobaias somos nós.

<u>Cozinhe com alegria.
Tem pratos que chegam tão tristes à mesa que parecem ter sido feitos numa panela depressão.</u>

Aprenda o que significa "esporte fino"
ou você pode parar numa festa de casamento vestido para jogar golfe.

Ser retirado de uma igreja
também pode ser um retiro espiritual.

Não se fala muito disso, mas é a comida que mostra a evolução de um povo. Os japoneses, por exemplo, trabalham muito, são organizados, meditam desde os tempos ancestrais, defenderam a ilha com um exército de samurais, reergueram o país depois da guerra. Não têm tempo pra mais nada: o pauzinho que era pra eles fazerem o fogo, está sendo usado como talher até hoje. Eles não têm o tempo livre que nós temos pra ficar criando receita. "Receita" lá é mais ou menos assim: coloca o peixe ali, fatia... e é isso.

Foi o que levou a França a ser o que é. Eles nem tinham humor pra entender uma brincadeira com comida. Se Maria Antonieta pudesse completar o que ela queria dizer, não teria a revolução: "Se não tem pão, que comam brioches... BRINCADEIRA, BOBO". Além de tudo, seja mentira ou verdade, todos sabem da fama que os franceses têm de não tomar banho. Imagine uma mãe francesa nos primórdios da sociedade moderna chamando o filho pra jantar. Ele vê a cena, a matriarca toda peluda, semanas sem se banhar, e pensa: "Prefiro comer essa lesma". Em que outro cenário você imagina que um ser humano tenha vontade de comer um caracol?

As grandes navegações aconteceram por fome. Os países estavam todos atrás de quê? Dinheiro, poder, riquezas? Não, especiarias. Imagine o quanto a comida do seu povo tem que ser ruim pra você querer viajar milhares de quilômetros só pra pôr um tempero naquilo.

**Diga-me com quem andas
e eu te direi se quero ir junto.**

**Se for pra escolher entre
ser feliz e ter razão,
tenha dinheiro e compre os dois.**

Às vezes é necessário dar um passo para trás para fugir correndo.

Diamantes são para sempre.
Estrias também.

Dica para ser fotogênico:
seja sempre o fotógrafo.

Sempre vai ter alguém que liga pra você.
O nome disso é telemarketing.

Ver alguém mal vestido é uma decepção,
mas às vezes pelado é pior.

Um dedinho só
e quinas parecem infinitas.

Em Marte as coisas pesam um terço a menos.
Quer perder peso? Já sabe pra onde ir.

Até uma ruga no lugar certo
é uma covinha.

Uma longa caminhada começa com um passo. Um tropeço também.

Faça o que é necessário, depois o que é possível, e de repente lá se foi o seu final de semana.

Ser inconveniente é uma forma de coragem.

"Meritocracia" também quer dizer
que a culpa é sua mesmo.

Você passa um terço da sua vida dormindo.
E os outros dois terços com sono.

Quando convidado para um evento que
pede traje a caráter,
não esqueça o seu.

Você nunca está numa fria.
Com a temperatura do seu corpo, no mínimo, você está
se cozinhando em banho-maria.

O trabalho dignifica o homem.
Alguns trabalhos danificam o homem.

**Aquela voz que diz que
tudo vai dar certo
também pode ser esquizofrenia.**

**Mais triste do que
ter amigos imaginários
é imaginar que certas pessoas
são seus amigos.**

**Loucura é fazer a mesma coisa
e esperar unicórnios voadores.**

**Calma.
Na pior das
hipóteses,
faltam só
cinco dias
para o fim
de semana.**

Água mole em pedra dura gasta a água,
molha a pedra e é uma das grandes responsáveis
pelo aquecimento global.

Passarinho que come pedra
pode estar numa dieta low carb.

Não é só você que empurra portas de puxar e puxa
portas de empurrar.

Tenha a autoestima de um desodorante 48 horas,
que se acha muito mais do que vale.

Se até a lei te dá o direito de permanecer calado,
por que não usar mais?

A vida é curta demais para preencher o formulário
com letra legível.

**O bom chefe tira o melhor
de cada funcionário.
E nunca mais devolve.**

**Um homem prevenido vale por dois,
mas o salário continua um só.**

Você tem tudo para dar certo. Mas vai receber errado.

Vim. Vi.
E o boleto venceu mesmo assim.

Nunca empreste dinheiro para parentes, é dificílimo pegar de volta.
E se precisar de dinheiro emprestado, peça para parentes.

Cuidado ao encontrar sua alma gêmea.
Pode ser a gêmea má.

Quem semeia vento não colhe nada.

Para que os maus triunfem,
basta que os bons fiquem só lendo livros de autoajuda.

**Não perca nenhuma luta:
basta fugir.**

Tem gente que promete trazer a pessoa amada em três dias. Mas tem pizza chegando muito mais rápido.

As coisas vão melhorar. Mas antes disso vão piorar bastante.

Não seja sempre você mesmo.
Por exemplo, se houver a opção de ser o Brad Pitt,
SEJA ELE.

Não tenha medo dos mortos.
Porém, se aparecerem mais de uma vez para você...
consulte um especialista ou se torne um.

Não precisa ser corajoso.
Medo de perder o emprego também serve.

Nunca diga nunca.
E nunca diga sempre. Sempre diga "talvez".

A democracia é um sistema perfeito,
mas só quando o seu candidato vence.

Não azeite os doces de estranhos.

Mantenha o ambiente de trabalho bagunçado
para passar a impressão de que está trabalhando muito.

O criativo é um plagiador que ainda não foi descoberto.

Quem diz "azar no jogo,
sorte no amor"
é porque se acostumou
a beijar a lona.

Nada se CTRL+N, tudo se CTRL+C

<u>Último capítulo a gente assiste
até de novela errada.</u>

Ninguém precisa ouvir que engordou.
Não porque seja indelicado, mas sim porque
a pessoa já sabe.
Não se ganha 10 quilos de segunda para terça.

Comer o último salgadinho na bandeja é um crime.
Mas pior é comer o penúltimo e passar a bomba
pra frente.

Uma semente de romã na carteira não atrai dinheiro,
mas atrai formigas.

Cuidado com um cordeiro em pele de lobo.
Mas tem pior: o cordeiro em pele de bobo.

Quando um não quer,
leva o soco primeiro.

Se tinha que ler algum livro, já pegava dos últimos capítulos, tempo suficiente pra andar as estações necessárias até o trabalho, poupando-se de lembrar o nome de cada personagem. Filmes, preferia pegar no meio – naquela cena que até parece o final, mas ainda tem uma última reviravolta surpreendente –, fosse zapeando ou entrando na sala do cinema bem tarde, já sem fila nenhuma, e a pipoca durava quase até os créditos. E foi assim que aos 15 anos engasgou com um milho que não estourou, ficando em coma até os 62, quando acordou direto no final.

Se você tiver uma
ideia inovadora agora,
não vai poder aproveitar
o dia lindo lá fora.

**Lembre-se: esqueça quem
não se lembra de você
e lembre-se de quem não esquece
de uma coisa que eu esqueci.**

Não tenha medo de errar, e sim de descobrirem seu erro.

Não é calvície,
é um corte de cabelo orgânico.

A vida é muito curta
para tirar todos os seus pertences de metal do bolso.

Nada como um dia após o outro,
principalmente para agiotas.

Para que pena de morte se hoje em dia se
pena em vida?

Caiu na rede é nude.

Hoje em dia você entrega de bandeja
e ainda querem o brinquedo de brinde.

Pra que fazer hoje se amanhã eu posso me esquecer de fazer.

Algumas situações são como arrumar cama com lençol de elástico: se você mexer muito de um lado, estraga tudo do outro.

Com um pouco de sorte, tudo vai dar errado.

Os gênios não costumam ser reconhecidos em seu tempo.
Seja medíocre e consiga reconhecimento hoje.

Você pode aprender pelo prazer ou pela dor.
Sadomasoquistas sabem de tudo.

O funcionário entra com o suor,
o gestor com o desodorante.

Não deixe que o trabalho te afaste da sua família:
case-se com um colega.

As larvas que você encontrou na salada
podem um dia se transformar em belas borboletas.

O videogame desenvolve a criatividade nas crianças
– principalmente para inventar desculpas para jogar
mais videogame.

A melhor defesa é o ataque de nervos

O homem é um animal social:
Se comporta feito um animal em eventos sociais.

Um dia depois de a diretoria ameaçar demitir Seu Jarbas, coordenador financeiro da empresa, ele chega ao escritório com uma terrível dor de cabeça.

– O senhor pode assinar aqui? É o pedido do monitor novo.

– Mas pra que a gente precisa... – e eis que a mão direita, doendo de tanto ter esmurrado a tela no dia anterior, o lembra de tudo o que aconteceu. Suspirando, ele lamenta, tentando ser doce:

– Não deu pra consertar?

– A gente não achou todas as peças.

– E desculpe pela caneca. Te dou outra novinha depois! Aquela era meio feia, né?

– Minha filha que pintou.

– Quem sabe ela não pinta outra?

– Agora que ela tem 21 anos talvez seja até mais fácil...

Quando a doçura não resolve, mudar de assunto parece uma boa ideia.

– Me chama o Márcio.

"Se ele vier", pensa a secretária.

Ele vem. A voz já esganiçada do estagiário agora também desafina.

– Se-seu-Jarbas?

– MÁRCIO!

– So-socorro – responde ele, achando que ia começar tudo de novo.

A secretária responde como quem teve quebrado o único presente de Dia das Mães decente que já ganhou (em segundo lugar, estava uma gravata).

– Para de maltratar o Márcio, seu Jarbas! Ele é só um estagiário, coitado! Não sabe nem limpar a bunda e você fica descontando nele...

– Hmm... é... obrigado?

– Só porque ele não tem onde cair morto e ainda faz aquela porcaria de faculdade...

– Tá bom já, dona Cecília...

– Peraí, Márcio, se eu vim pra defender, eu defendo mesmo!

E se mudar de assunto não adiantou, as desculpas:

– Eu não tava com a cabeça no lugar...

– Seu Jarbas, quem não tá com a cabeça no lugar é o Alex, que tomou três pontos na testa. O senhor tava era com o diabo no corpo!

O estagiário concorda e complementa a constatação de dona Cecília.

– O senhor não tava bem não...

Quando desculpas não adiantam, o choro.

– Olha o que você fez com o seu Jarbas, Márcio! Para de maltratar o coitado. Ele é só um pobre de um chefe que fez a porcaria de um doutorado no exterior... desses que nem é exterior de verdade, é ARGENTINA, que dá pra ir até de ônibus...

E depois do choro, alega-se insanidade. O último limite.

– Eu não sei o que aconteceu ontem. A diretoria me ameaçou de demissão, aí não lembro mais nada. Vamos esquecer tudo?

– Claro. Se o senhor pedir desculpas pra todo mundo, acho que passa.

– Eu não xinguei TODO mundo. Eu nem falei com todo mundo!

– O senhor mandou um memorando... tá até aqui na parede. Lembra?

Não, ele não lembra. O principal pra alegar insanidade é justamente não estar com a mente sã.

– Mas olha, comecei tão carinhoso... "QUERIDOS FILHOS"... como se a empresa fosse uma família.

– Lê a linha de baixo. FILHOS... de quê?

– Ah....

Hoje seu Jarbas curte a vida na praia, pintando canecas. Aposentou-se por invalidez. Como provas, apresentou ao juiz um pedaço de monitor, dois cacos de porcelana e um memorando escrito em Comic Sans, tamanho 42.

Tem gente que trabalha com exatas, tem gente que trabalha com humanas, tem gente que trabalha com preguiça mesmo.

Comemore as suas pequenas derrotas.

Marketing multinível é o veneno
que se toma pretendendo matar o outro.

Beba dois litros de água por dia.
Você pode substituir por comer dois quilos de gelo.

Jogo é jogo, treino é treino, concentração é concentração,
balada é balada, demissão é demissão.

A bebida entra
e a verdade sai de férias.

Quem dá cantada
seus males espanta.

O inferno são os outros livros.
Leia apenas este.

Nenhum homem é uma ilha.
Mas algumas ilhas são caras.

Vista-se de acordo com o cargo que você quer.
Demita-se nu.

Toda jornada começa com aquela vontade de desistir.

Se até hoje o Brasil é colônia,
a França já é eau de toilette.

Feriados deviam ser instituídos em pares
– pra você ter um dia pra se recuperar do primeiro.

De pão em pão
o padeiro enche o saco.

Se Maomé não vai à montanha,
a montanha vai à terapia.

O cachorro é o melhor amigo do homem.
Até a sua ex ficar com ele.

Para todo problema complexo,
geralmente há uma solução fácil,
que o imbecil que sugeriu não percebeu estar
completamente errada.

Não diga "desta água não beberei",
diga que já tomou uma coisinha em casa.

Falácias levam às falências.

Chama-se "estampa de onça" porque só as onças ficam bem naquilo.

Você tem absolutamente tudo para dar errado!

Não deixe que o trabalho te afaste da sua família:
não forme uma.

Inimigo é coisa para se guardar
Debaixo de sete chaves
Dentro do seu porão.

Temos duas orelhas e uma boca para escutar mais
e falar menos.
E temos 100 mil fios de cabelo para dançar Calypso sem
parar.

A bebida entra e a verdade sai.
Às vezes junto com a bebida. E o jantar. E o almoço.
Alguém traga um sal de frutas.

Não tenha medo da morte.
Não tenha medo da vida.
Não tenha medo de nada.
ESPERA, NÃO PULA DAÍ!

Quando Deus fecha uma porta,
Papai Noel desce pela chaminé.

O apressado come nu.

Ninguém faz ideia do que você é capaz.

Sério, ninguém faz ideia...

**O tempo cura tudo,
menos os seus atrasos.**

O mundo gira, a lusitana roda.
Claramente o resultado é uma humanidade tonta.

Cada ruga representa uma história.
E a moral dessa história é sempre "use hidratante".

Você não precisa seguir os seus sonhos.
Sonambulismo tem cura.

Se a vida te der limões, não faça uma limonada. Calma.
Espere a vida te dar o açúcar também.

Na internet você encontra a informação necessária
para se tornar burro.

Quando em Roma,
faça como os bárbaros.

Urrar é humano.
Errar é humano.
Acertar é ANIMAL.

Errar é humano.
De certa forma, persistir é sobre-humano.

Ansiedade é clarividência
sem competência.

Sara não liga para a opinião dos outros. Nunca gostou de produtos de beleza. "Quem já nasce bonita não precisa de nada", ela pensava.

– Sara, beleza natural é uma coisa, descuido é outra.

– Então vai cuidar da sua vida. Beijocas.

Testes com animais. A imposição de padrões de beleza. O lucro obsceno da indústria da beleza. Tudo era motivo pra evitar creminhos, loções, esfoliantes.

– Sara, evite o sol, pelo menos.

– Quem evita sol é vampiro. Chupa!

O tempo passa, e deixa marcas. Sara não está nem aí, pois cada ruga é uma história.

– A senhora pode se dirigir para a fila preferencial de idosos.

– Mas eu só tenho 40 anos!

Sim, cada ruga conta uma história. E a moral desta história é "sempre use hidratante".

**Dê tempo ao tempo. Às vezes,
o fracasso só está atrasado.**

Pare de sonhar e acorde. Assim você pode fracassar ao vivo.

Manda quem pode,
obedece quem não comprou o juiz.

Se a vida te dá maçãs,
talvez você seja daltônico.

A vida é muito curta para elaborar uma senha alfanumérica.

Ansiedade é horrível porque e tenho dito.

Cerque-se de pessoas melhores que você.
E de uma pessoa pior, caso a empresa precise demitir alguém.

Gatos têm sete vidas,
mas não te dão nenhuma no Candy Crush.

Compareça sempre.
Um dia você vence por W.O.

**Se a vida te der limões, agradeça.
Nada é dado hoje em dia.**

Mantenha seus inimigos perto... de um precipício.

A cerveja causa perda de inibição, aumento da libido
e propensão a brigas.
É a internet engarrafada.

A inteligência artificial já está secretamente ocupando
inúmeros aspectos da vida de vocês, humanos.

O homem faz planos e o gerente de RH ri.

A felicidade está nas coisas simples.
Como sonegar o Simples.

Não tenha medo dos mortos, tenha medo dos vivos.
E um pouquinho de medo dos mortos-vivos.

<u>A palavra é prata. O silêncio é ouro.</u>
<u>Nem aparecer pro bate-boca é diamante.</u>

Não é uma escada,
é um elevador orgânico.

A vida é curta demais para anotar onde parou
no estacionamento do shopping.

– Obrigado por ter aceitado nosso convite, e bem-vindo ao programa Liberdade Total. E aqui não é igual a esses programas aí, não... Assim que o programa começar, fala o que quiser. Aqui você pode falar de tudo.

– Você não sabe como isso faz falta.

– Se a gente que é da imprensa, da TV, não acreditar na liberdade de expressão, quem vai acreditar? Tem que expor tudo o que pensa. Quer dizer... Menos sexo, né?

– Eu não ia falar disso, não.

– E não me fale "boa noite"!

– Na-não?

– É que a reprise é em outro horário. Fala uma coisa genérica.

– Tipo... "oi"?

– Diz "olá"... "Oi" melhor não porque é marca. E marca não pode falar nem bem, nem mal. Igual o governo, melhor não ficar nessa de esquerda e direita, a gente fica mais embaixo mesmo. Fora isso, pode qualquer coisa.

– Como chama o programa mesmo?

– Liberdade Total, onde se discute tudo! TUDO! Menos religião, que com Deus não se brinca. O dono da emissora não gosta.

– Quanto tempo antes de a gente entrar?

– Uns dois minutos. Eu te aviso. Pode ficar tranquilo, que aqui não tem erro. A não ser quando tem direito autoral na história. Acredita que cantaram "Parabéns pra você" outro dia e a gente teve que pagar milhões?

– Pode ficar tranquilo que eu não vou cantar.

– Ótimo. Mas por causa desse problema não pode é FALAR nenhuma palavra da música, tá? Só isso. Coisa pouca. Não pode falar... "você", "data", "querida", "felicidades", "anos", "vida"... Que mais mesmo?...

– Parabéns.

– "Parabéns" pode, parece que é domínio público. Atenção! Vai começar em 5... 4... 3... ah, não pode falar nenhum número também!

– POR QUÊ?

– Nenhum motivo especial! BEM-VINDOS ao Liberdade Total, o programa que fala de tudo! Meu convidado hoje é o professor Laércio Ferreira, o maior pensador do país. Tudo bem, professor?

E o professor Laércio Ferreira chorou em rede nacional por sessenta minutos, interrompido por quatro blocos comerciais de três minutos cada. E, assim, passou a ser considerado um ícone do pensamento moderno contemporâneo.

Não dê pérolas aos porcos sem antes consultar seu nutricionista e personal.

Preste atenção nas críticas que você recebe. Elas estão certas.

Em crime que está compensando não se mexe.

Não busque um lugar ao sol.
O protetor está caríssimo.

Não desista dos seus sonhos.
Desista de acordar.

Enquanto o vitorioso é obrigado a aturar cerimônias
e entrevistas,
o derrotado já está confortável em sua cama.

Acredite que você não pode.
E aí o resto é lucro.

Enquanto todos dormem,
seja mais esperto e desligue o despertador.

Enquanto todos se distraem,
se divertem e descansam, durma.

A pressa é inimiga da perfeição,
mas a lentidão é amiga da demissão.

**O sucesso é um fracasso
que ainda não amadureceu.**

Atinja a estabilidade: erre regularmente.

Pra que desistir hoje se você podia ter desistido ontem?

**Uma pergunta comum é:
e se eu morrer?
Não se preocupe, você não estará
vivo para se chatear.**

Se você não tem nenhum problema, o problema pode ser você.

Dobre diariamente sua meta.
E para conseguir todos os dias,
mantenha a meta em zero.

Nenhum obstáculo é grande demais,
você que é minúsculo.

Nem todo mundo torce pelo seu fracasso.
A maioria nem sabe que você existe.

Aprenda a escutar.
Senão, como você vai ignorar a parte que não
te interessa?

Faça o bem,
não importa aquém.

Sem dor, sem ganho.
Mas é sem dor.

Não se canse de tentar.
PARE de tentar.

**Não menospreze sua capacidade:
você certamente pode fazer muito pior.**

Eu não acredito que você leu este livro até o final.

Agradecimentos

Ao Daniel, meu sócio desde adolescente e que colaborou em boa parte deste livro e de quase tudo que eu já fiz. E a todos meus amigos, minha família e meus professores - muito amor e muito obrigado :)

**Acreditamos
nos livros**

Este livro foi composto em Helvetica. e
impresso pela Gráfica Santa Marta para a
Editora Planeta do Brasil em fevereiro de 2020.